AF267320

# RELIGION
# SAINT-SIMONIENNE.

### (Extraits du Globe.)

Paris, IMPRIMERIE DE GUIRAUDET,
rue St-Honoré n° 315.

# PROJET

DE

## DISCOURS DE LA COURONNE

POUR L'ANNÉE 1831.

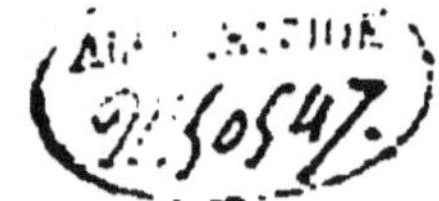

## MOYENS DE SUPPRIMER

IMMÉDIATEMENT

# TOUS LES IMPOTS

DES BOISSONS, DU SEL, ET LA LOTERIE.

EXAMEN PRATIQUE DE L'AMORTISSEMENT.

# LA VENDÉE.

Extraits du Globe.

PARIS.

AU BUREAU DU GLOBE,

RUE MONSIGNY, N° 6.

1831.

# PROJET

DE

## DISCOURS DE LA COURONNE

POUR LA SESSION DE 1831.

*(Extrait du Globe du 25 juillet.)*

---

« Messieurs,

« Il tardait à mon cœur royal de vous voir réunis autour de moi. La situation de la France réclame d'urgentes améliorations; je suis résolu à les accomplir, et je sens que votre concours doublera mes forces pour cette grande tâche.

« Depuis quarante ans la France lutte, soit sur les champs de bataille, soit à la tribune, contre les institutions du passé, contre le régime des priviléges. Dans les glorieuses journées de juillet la féodalité tenta un dernier effort, elle fut vaincue par une population héroïque.

« Après la victoire tous les yeux se sont tournés vers moi ; la couronne m'a été offerte de l'assentiment de tous ; je l'ai acceptée avec assurance, avec joie, parce que j'ai confiance que mes forces sont à la

I

hauteur des fonctions dont m'a investi le vœu général, parce que je sens que je saurai concilier les partis et les déterminer tous à consacrer leur activité, si long-temps désordonnée, à combler la France et le monde de richesses et de lumières.

« Mais les passions qui dominaient et préoccupaient tous les esprits pendant la lutte n'ont pu immédiate-ment se calmer. La méfiance et l'irritation, qui étaient la vie de la société depuis longues années, n'ont pu se dissiper aussi promptement qu'ont été repoussés les ennemis du perfectionnement social. De là ce mal-aise, cette inquiétude, ces agitations qui depuis un an tourmentent le premier peuple du monde.

« Messieurs, mon gouvernement, sorti du sein de la mêlée, n'a pu rester aussi étranger que je l'aurais voulu à ces préoccupations pénibles; mais s'il ne m'a pas été donné de préserver la France de quelques désordres, de quelques atteintes à sa considération, de quelques désastres intérieurs, j'ai foi qu'aujourd'hui j'aurai la puissance de réparer le mal. Je ne me dis-simule point que le parjure qui a porté atteinte à la Charte de 1814 n'a été qu'une occasion pour la société tout entière de protester contre l'insuffisance de cette constitution, transaction jusque-là nécessaire. Je re-connais que la loi fondamentale ne peut plus être au-jourd'hui un pacte entre des intérêts contradictoires; il ne peut y en avoir d'autre que l'harmonie des forces progressives dont le développement régulier promet un si bel avenir à la France, et qui, jusqu'à présent méconnues, n'ont tenté de se faire jour que par la violence et l'anarchie.

« La France est riche en dévouement, riche en lumières, riche en ressources de toute nature. D'immenses destinées toutes pacifiques, toutes créatrices, lui sont réservées; je les lui montrerai, et vous m'aiderez à l'y conduire.

« Toute la population est animée d'un sentiment profond d'ordre et de paix. Nulle part la violence, les sentimens haineux, n'excitent une répugnance plus prompte et plus vive. Le vœu le plus cher de la France, c'est de voir à sa tête un chef digne de son amour, qu'elle puisse combler des témoignages de sa foi et de son respect, au sein duquel elle puisse épancher ses espérances et ses craintes, dont elle puisse s'enorgueillir. Ce chef, elle a cru le trouver en moi; son attente ne sera pas trompée.

« Mais en même temps que la France veut l'ordre, elle veut le progrès; elle veut la paix, parce qu'elle a conscience qu'elle peut l'obtenir glorieuse et féconde pour elle et pour toutes les nations qui réclament son alliance ou son patronage. Elle est disposée à accepter une autorité; mais il faut que ce soit une autorité paternelle qui pressente ses besoins, devine ses désirs, et s'empresse de les satisfaire.

« Quel qu'ait été l'élan des peuples à ma rencontre, je sais, messieurs, qu'il y a au fond de tous les cœurs un sentiment de méfiance contre un pouvoir quelconque : on en redoute la direction, on est accoutumé à regarder son influence comme un fléau. Ce sentiment est légitime : il a sa justification dans l'impéritie et l'insouciance de la plupart des gouvernemens modernes. Je saurai le respecter. Je lui ferai dès l'abord la part large ; je saurai me renfermer dans un rôle de haute surveillance, m'interposant avec calme entre les partis pour prévenir les collisions violentes, dégageant tous les élémens progressifs qui viendront à surgir, de manière à faciliter leur essor. La liberté de la presse, la liberté des cultes, la liberté de l'enseignement, vont donc trouver en moi un vigilant protecteur. Je suis assuré que je conquerrai ainsi la confiance de tous, et que bientôt ma direction, qui aujourd'hui, si je prétendais l'imposer, serait repoussée avec colère, sera réclamée avec amour par un peuple qui dès lors n'aura plus qu'une foi, une opinion, un culte.

« Mes relations avec les souverains étrangers vont changer de caractère : je vais réclamer d'eux que toutes les formes mystérieuses de chancellerie soient abandonnées. Elles ont servi à trop de déceptions ; elles sont flétries. Lorsque les gouvernans s'occupent franchement des intérêts des peuples, c'est à la face du soleil que les affaires des sociétés doivent être débattues.

« Je vais le premier entrer dans cette nouvelle carrière diplomatique. J'envoie solennellement une ambassade à Londres pour proposer à mon frère Guillaume IV une étroite alliance, afin que par notre intervention se termine pacifiquement la crise violente dont l'Europe est agitée.

« La France et l'Angleterre sont à la tête de la civilisation. Franchement associés l'un à l'autre, sous l'autorité de deux princes en qui ils se sentiront vivre, les deux peuples présenteront une masse de forces tellement imposante, qu'il y aurait folie à vouloir résister à leur volonté. Mon frère Guillaume, qui par ses projets de reforme graduelle a témoigné de ses sympathies progressives, serrera, j'en suis sûr, la main que je lui aurai tendue ; unis l'un à l'autre, nous interposerons, pour le plus grand bien de tous, notre irrésistible influence là où il y a des glaives tirés, là où d'autres glaives s'aiguisent, et à notre voix pacifique, mais ferme, l'Italie respirera, l'héroïque Pologne recueillera le fruit de sa sublime résistance ; l'Europe sera en paix, et le czar épanchera les flots de ses soldats vers l'Orient qu'il brûle de conquérir, et que nous lui donnerons mission de civiliser.

« Et l'Angleterre et la France continueront à exercer sur tous les peuples une surveillance émancipatrice, et à les pousser tous dans la voie du travail pacifique.

« Messieurs, la paix est aujourd'hui le premier besoin des peuples, parceque leur destination est de s'associer pour se livrer aux travaux pacifiques, féconds et glorieux de l'industrie et de la science. Avec le régime violent de la guerre doivent peu à peu disparaître tous les priviléges qui furent et durent être les bases de ce régime, tous les caractères de brutalité dont il avait empreint la législation et les relations sociales.

« Les priviléges *héréditaires*, monumens des temps d'esclavage, doivent disparaître. Mes ministres vous proposeront l'abolition de l'*hérédité* de la pairie qui préparera les esprits à la suppression graduelle de toute transmission *héréditaire* des avantages sociaux.

« Nos codes, rédigés à l'issue d'une époque de violence, sont semés de dispositions cruelles et vindica-
tives que j'ai à cœur de faire disparaître. Le but de
la législation ne doit pas être de punir un coupable
ou de venger la société, mais d'améliorer, par une ini-
tiation quelquefois rigoureuse, un malheureux que la
société a laissé sans éducation, sans guide, sans patronage. Mon ministre de la justice vous proposera
l'abolition de la PEINE DE MORT, de la MARQUE, de
l'EXPOSITION, des BAGNES et de la CONTRAINTE PAR
CORPS.

« L'industrie est aujourd'hui frappée de torpeur.
Le caractère inquiétant avec lequel se présentait la
politique générale s'est manifesté, sous le rapport industriel, par l'annihilation du crédit. La pacification
générale de l'Europe, qui par mes soins sera pro-
chaine, et l'union des partis, que je suis certain d'o-
pérer parce que j'ai enfin un but pacifique à signaler à
l'énergique volonté de tous, rétabliront promptement
la confiance. Nous aurons ainsi le loisir de déterminer
l'organisation industrielle au sein de laquelle tous les
efforts isolés et rivaux aujourd'hui seront reliés et
combinés de manière à maintenir toujours l'équilibre
entre la production et la consommation, c'est-à-dire
entre les forces créatrices du travail et les besoins des
travailleurs.

« Pour atteindre ce but, j'aurai bientôt à soumettre
à vos délibérations le plan d'une vaste institution de
CRÉDIT, et je recommande à l'avance ce sujet à vos
méditations ; mais dès à présent mon ministre du
commerce vous proposera l'ABOLITION DES MAJORATS

et des SUBSTITUTIONS ; il vous présentera un projet de loi relatif à la RÉFORME DU CODE HYPOTHÉCAIRE et à la MOBILISATION DU SOL, qui aura pour effet de faire disparaître le caractère *féodal* dont les lois qui régissent la propriété sont encore empreintes.

« Jamais plus d'hommes studieux ne se vouèrent à la culture de la science, et cependant la science se meurt. J'ai appelé tous les corps savans de l'Europe à me rendre compte des progrès de la science depuis cinquante ans (1), et à m'indiquer les moyens de coordonner les efforts des savans. Je leur ai demandé de signaler la direction nouvelle dans laquelle la science aujourd'hui doit retrouver le mouvement et la vie.

« La pacification de l'Europe, et le nouveau système de relations entre les peuples qui va s'établir par mes soins et par ceux de mon frère le roi d'Angleterre, vont me permettre de rendre aux travaux de l'industrie et de la science une foule de bras et d'intelligences improductivement occupés aujourd'hui sous les drapeaux, et une masse énorme de capitaux absorbés à entretenir leur activité stérile et souvent destructive.

« Le budget qui vous sera présenté par mon ministre des finances ne différera pas autant que je l'aurais désiré de ceux des années précédentes. Le temps m'a manqué pour le transformer au gré de mes désirs. Du reste, je n'ai pas craint de l'élever encore à plus d'un milliard, persuadé que le gouvernement le plus

---

(1) Cette question avait été adressée par Napoléon à l'Institut en 1807.

économe n'est pas celui qui dépense le moins, mais celui qui dépense le mieux.

« Les esprits les plus éclairés en France et en Angleterre ont reconnu que le jeu de l'amortissement est une fiction onéreuse. Je vous propose de le supprimer, et d'appliquer sa dotation à remplacer des impôts odieux qui ne sauraient plus être prélevés sans infamie parcequ'ils sont principalement extorqués à la classe la plus nombreuse et la plus pauvre, l'impôt du sel et la loterie.

« Cette classe, qui joue le rôle le plus important dans la création de la richesse sociale, doit être retirée de l'état d'abaissement où elle est plongée. Mon premier *devoir* est de la doter de moralité, d'instruction et de bien-être. Voilà réellement ce qu'elle réclame, voilà ce qui lui est *dû*, voilà enfin les DROITS POLITIQUES qu'il faut absolument aujourd'hui lui reconnaître. Je vous propose de consacrer une somme annuelle de quarante millions à fonder par toute la France de vastes écoles où les enfans de cette classe recevront une éducation morale, scientifique et industrielle, conforme à leurs degrés divers de capacité. Une autre somme de quarante millions sera consacrée à doter des banques qui leur fourniront des capitaux au sortir de ces écoles. Cette dépense de quatre-vingts millions serait couverte par un IMPÔT PROGRESSIF SUR LES SUCCESSIONS, et par la SUPPRESSION DE L'HÉRÉDITÉ EN LIGNE COLLATÉRALE.

« Il est un budget autre que celui voté jusqu'ici par les chambres, qu'il importe de diminuer, et vers la réduction duquel vos efforts et les miens devront spécialement tendre. C'est le budget énorme que l'*oisiveté* perçoit sur le *travail*. Mes ministres vous proposeront des mesures propres à améliorer la situation du *travailleur* emprunteur relativement au prêteur, celle du locataire et du fermier relativement au propriétaire. Parmi les projets de loi que vous présentera mon ministre des finances, il en est un qui sera de nature à produire une baisse de l'intérêt en matière de crédit public et en matière de crédit privé.

« La France veut la paix, elle veut l'ordre et la liberté ; elle veut du travail, elle ne veut plus d'immobilité, de priviléges héréditaires ; elle ne veut plus d'*oisifs*, elle a soif de développement industriel et scientifique, elle a soif d'association. Mettons-nous à l'œuvre pleins de confiance ; que par nous commence une ère nouvelle, où l'ORDRE soit fondé sur le règne de la CAPACITÉ, le seul que la LIBERTÉ puisse avouer, le seul sous lequel elle puisse exister.

« Messieurs, je vous ai parlé en mon nom, au nom du peuple de qui je tiens la couronne ; je ne vous ai point parlé au nom de la religion, je n'ai point invoqué le nom de Dieu : c'est que là où s'élèvent des temples rivaux, où les sentimens, les opinions, les efforts sont en lutte perpétuelle, il n'y a pas de religion : Dieu n'est pas là. Mais vous vous unirez à moi, et le peuple dont les destinées nous sont confiées se ralliera à nous, il verra dans notre autorité paternelle l'action manifeste de la providence, car nous n'aurons tous qu'une seule volonté, une seule pensée, un seul but ; nous aurons alors une religion, DIEU sera avec nous. »

# MOYENS DE SUPPRIMER

## IMMÉDIATEMENT

# TOUS LES IMPOTS

### DES BOISSONS, DU SEL, ET LA LOTERIE.

*(Extrait du Globe du 25 octobre.)*

## EXAMEN PRATIQUE DE L'AMORTISSEMENT.

Les impôts du sel, de la loterie et des boissons excitent une réprobation si universelle, ils sont si injustement établis, si iniquement perçus, on a si souvent réclamé leur abolition, qu'il est presque trivial d'élever encore la voix pour répéter tout ce qui a été dit à cet égard.

Et cependant, comme jusqu'à ce jour tous les efforts, toutes les réclamations des gouvernés, la conviction même des gouvernans, n'ont encore pu réaliser ces améliorations, il ne faut point se lasser de les demander, et ce doit être aujourd'hui pour la presse un *delenda Carthago*.

Certainement, lorsque nous élevons la voix en fa-

veur de ces utiles réformes, nous ne saurions préten-
dre que la prévoyance sociale ne doit point protéger
les individualités que ces modifications pourraient
blesser; mais toujours est-il qu'il faut se résoudre à
faire enfin justice de ces impôts qui atteignent et qui
blessent si profondément les classes inférieures, et qui
entretiennent sur tous les points de la France un esprit de sédition et de révolte qui finirait bientôt par
rendre tout gouvernement impossible.

C'est en vue d'un semblable résultat que devrait
être conçu le budget de 1832, qui est actuellement
en élaboration à la chambre des députés.

Mais comme il ne suffit point d'annuler des impôts,
et qu'en conseillant la suppression de ceux qui sont
les plus onéreux et les plus choquans dans leur répar-
tition, il est urgent de proposer en même temps les
moyens les plus propres à les suppléer, nous allons
essayer encore de remettre sous les yeux de la chambre quelques unes des mesures que nous avons fréquemment indiquées.

On invoque si souvent l'Angleterre lorsqu'il s'agit
de pondération des pouvoirs, d'équilibre politique et
de tant d'autres prétendus ressorts du système repré-
sentatif, qu'il doit nous être permis d'invoquer les
opinions des hommes d'état de la Grande-Bretagne
lorsqu'ils appliquent des mesures utiles aux classes
inférieures, d'autant mieux que les institutions si
vantées de ce pays ne sont point prodigues de pareils
exemples.

Dans la séance du parlement anglais du 17 octobre, lord Wellington adressait au ministère ce singu-

lier reproche que, par l'énorme réduction qu'il avait opérée sur les taxes indirectes, l'excédant du revenu sur les dépenses publiques avait été tellement minime, qu'il n'avait point été possible d'alimenter *le fonds d'amortissement de la dette publique.*

A quoi lord Grey s'empressa de répondre : « qu'il » regardait comme *inutile* d'avoir un excédant de re- » venu destiné *à réduire* LA MASSE IMMENSE *de la dette* » *publique* (1) : *l'argent qu'on laisse dans la poche* » *du cultivateur, du commerçant et du manufactu-* » *rier, tend davantage à soulager le peuple et à aug-* » *menter la prospérité publique.* »

Chacun sait aujourd'hui que l'Angleterre a depuis plusieurs années *aboli son fonds d'amortissement.* Pour laisser cependant une satisfaction aux préjugés des routiniers de la bourse de Londres, il a été déclaré que l'excédant du revenu serait consacré au rachat de la dette. La prévoyance du ministère sait rendre cette mesure illusoire ; car au fur et à mesure que le revenu des douanes augmente par le développement des affaires, on diminue ou on abolit quelques taxes indirectes. On voit que les ministres anglais sont plus avancés que les ministres de France dans la science économique, et qu'ils savent faire d'utiles applications des bonnes *théories* à la *pratique* financière.

Nous nous sommes fréquemment occupés de la question de l'amortissement (2) ; nous avons démon-

(1) On sait que la dette anglaise est quintuple de la dette française.
(2) Voir le *Globe* des 28 novembre, 1, 12, 21, 27 décembre 1830. Ces articles font partie d'une brochure intitulée *Economie politique et Politique*, qui se trouve au bureau du *Globe.* MM. les députés qui

tré que ce n'était qu'une jonglerie, que c'était un paiement que la main droite faisait à la main gauche, et que ce déplacement était ruineux. Le pouvoir est resté sourd à tous les raisonnemens, et il a mieux aimé s'attacher à caresser les erreurs de quelques joueurs de la Bourse et de quelques habitués de Tortoni, que d'entrer franchement dans de nouvelles voies de crédit.

Nous pensons qu'aux yeux des hommes versés dans l'économie politique, il ne peut rester aucun doute sur la nécessité d'annuler entièrement le fonds consacré au rachat des rentes; mais il est un grand nombre d'individus qui, tout en reconnaissant la justesse du principe, reculent épouvantés devant son application: c'est toujours ce vieil adage : « Bon en *théorie*, mauvais en *pratique* »; comme si toute pratique qui n'est pas fondée sur une théorie était admissible ; comme si une théorie qui n'est pas applicable était une bonne théorie.

Eh bien, dans l'application, dans la pratique tout aussi bien que dans la théorie, on peut leur démontrer la vanité de l'institution de la Caisse d'amortissement.

Le fonds annuel de cette Caisse, réuni aux intérêts des rentes qu'elle a achetées, s'élève aujourd'hui à 86,031,038 fr. Ce capital également réparti permet d'affecter *journellement* 280,000 fr. à l'achat d'environ *quinze mille francs de rentes.*

---

voudront en prendre connaissance pourront la faire réclamer, elle leur sera délivrée gratuitement.

Quand on compare ce résultat mesquin aux énormes opérations en rentes qui se traitent à la Bourse de Paris, on est surpris de l'importance qu'on attache à l'action de l'amortissement, et l'on est forcé d'en conclure que ceux qui paraissent le plus fermement attachés à la conservation de cette institution (et nous n'exceptons point ici M. le ministre des finances) ne se sont point suffisamment rendu compte de l'importance des opérations sur les fonds publics. Voici des chiffres :

La chambre syndicale des agens de change perçoit un droit de *cinq* francs sur chaque vente ou achat, dont le *capital nominal* est de *cent mille* francs. Ce droit prélevé *seulement* sur les opérations qui s'effectuent d'agent de change à agent de change, c'est-à-dire dans le parquet de la Bourse, produit, année moyenne, environ *douze cent mille* francs, ce qui porte la totalité des négociations ainsi faites à un *capital nominal* de VINGT-QUATRE MILLIARDS, soit en *rente* UN MILLIARD DEUX CENTS MILLIONS. Mais la même opération donnant lieu à une vente et à un achat, pour obtenir le chiffre de l'opération réelle, il faut prendre la moitié de cette somme, et dès lors on trouve que l'ensemble des *opérations de l'année* s'élève :

En *capital*, à DOUZE MILLIARDS,

En *rentes*, à SIX CENTS MILLIONS.

Ces sommes réparties sur les 3oo jours pendant lesquels la Bourse est annuellement ouverte, on trouve que le chiffre moyen des *opérations à* TERME s'élève CHAQUE JOUR :

En *capital*, à QUARANTE MILLIONS,

En *rentes*, à DEUX MILLIONS.

Si l'on ajoute maintenant à cette somme les opérations que chaque agent de change traite directement de *client à client* sans l'intermédiaire de ses collègues, opérations qui, quoique très-nombreuses, ne sont point soumises au droit prélevé par la chambre syndicale, et qui dès lors ne peuvent être évaluées; si l'on ajoute également les rentes vendues *au comptant* (*voir* le relevé ci-joint, ÉTAT n° 1), ainsi que celles qui sont vendues en dehors du parquet, on aura *au moins* une somme égale à celle que nous venons d'indiquer.

Ainsi sur 80 millions d'opérations (1) qui se traitent *chaque jour* à la Bourse de Paris, quelle peut être l'influence de 280,000 francs que la Caisse d'amortissement vient quotidiennement y employer? C'est une goutte d'eau qui vient se perdre dans un gouffre immense. Et cependant combien de pleurs amers,

---

(1) On cherchera à nous opposer qu'une grande partie de cette somme ne repose que sur des opérations de *jeu*, que ce ne sont point des achats *réels*; d'accord, mais chacune de ces opérations peut être immédiatement réalisée par un transfert; et souvent la plus légère différence dans le prix du *report* (on appelle *report* la différence qui existe entre le prix des *rentes au comptant* et des *rentes à terme*) convertit une opération *à terme* en une opération *au comptant*. Du reste, lorsqu'il s'agit *d'amortissement* on serait peu recevable à venir parler d'affaires *fictives*, d'affaires de *jeu*. Car l'amortissement en lui-même n'est qu'une grande *fiction*, et toutes les opérations qui en résultent ne sont que des affaires de *jeu*, puisqu'il est reconnu que depuis que la caisse d'amortissement est instituée, il a été émis par l'état une plus forte quantité de rentes qu'elle n'en a racheté. (*Voir page* 13.)

combien de privations cruelles, sont provoqués et entretenus par cette misérable goutte d'eau! Combien ce funeste emploi du budget que l'on jette chaque jour en bribes aux badauds de la Bourse pour les divertir, pour ne point contrarier les étroits calculs de leur ignorance et de leur routine, est déplorable en face de la détresse industrielle et de la misère du plus grand nombre!

Nous allons essayer de faire comprendre quelle serait la portée de la mesure qui aurait pour objet la suppression du fonds d'amortissement.

Nous supposerons en même temps que l'on maintienne dans le budget de 1832 les 30 centimes additionnels perçus en 1831, et dont M. le baron Louis a réclamé la suppression. Cette mesure laisserait encore le chiffre de l'impôt foncier beaucoup au-dessous de ce qu'il était avant les dégrèvemens opérés par la restauration; on peut voir d'ailleurs que les propriétaires eux-mêmes trouveraient à ce léger sacrifice un très-ample dédommagement.

Le maintien des 30 centimes additionnels, ayant pour objet la suppression des contributions du sel, des boissons et de la loterie, ne saurait être considéré comme une surcharge pour les propriétaires fonciers: car il est aisé de concevoir que l'abolition des impôts de consommation aurait pour effet de donner aux produits du sol un écoulement plus facile, que cette mesure permettrait d'introduire de grandes améliorations dans la culture des terres, dans l'éducation des bestiaux, et que surtout elle changerait la face de l'industrie vignicole. Ces circonstances feraient éprouver à toutes les propriétés territoriales un rapide accroissement de valeur qui indemniserait très-largement les propriétaires.

Indépendamment de ces dédommagemens, tous les propriétaires trouveraient dans la suppression des droits sur le sel et sur les boissons un dégrèvement important sur leurs consommations personnelles.

En supprimant donc le fonds d'amortissement et en maintenant les 30 centimes additionnels, voici les résultats qu'on pourrait immédiatement obtenir :

La caisse d'amortissement avait en dotation ou en rentes acquises au 30 septembre 1831, 86,031,038 f.

Du 1er octobre au 31 décembre, elle achètera environ............. 1,200,000

La somme qu'elle prélèvera sur le budget de 1832 s'élèvera donc à.... 87,231,038

Si l'on ajoute à cette somme les 30 centimes additionnels de la *contribution foncière* ( budget de 1831 , fol. 51) qui ont été supprimés du budget de 1832......................... 46,438,808

Il resterait disponible au 1er janvier 1832............................133,669,846

Maintenant, si on supprimait les IMPÔTS *sur le sel* , *sur les boissons*, et *la loterie,* on pourrait augmenter cette somme de 133,669,846 francs des économies suivantes :

1° Frais de perception des contri-

( 19 )

Ci-contre    133,669,846.

butions indirectes (1). 20,815,500 f.

2° Frais de percep-
tion sur l'impôt de la
loterie (2).......... 1,874,700

3° Frais de percep-
tion de l'impôt sur le sel
(compris au budget dans
les frais des douanes)..

4° Economie sur les
frais généraux du minis-
tère des finances, sur les
commissions des rece-
veurs-généraux, etc., etc.

Ces deux chapitres
peuvent être évalués en-
semble à........... 10,000,000

5° Réduction des
remboursemens de som-
mes induement perçues,
et restitutions de pro-
duits d'amendes, etc. (3)
portées au budget pour
5,327,000 f. : la moitié. 2,663,500

6° Escompte des droits
de consommation sur les
sels (4) : environ...... 900,000

36,253,70

Total des sommes disponibles sur le
budget de 1832................. 169,923,546

(1) Budget de 1832, p. 501.—(2) Id. ibid.—(3) Id. p. 502.—(4) Id. ibid.

Ainsi qu'on vient de le voir, la totalité des sommes disponibles sur le budget de 1832 serait de...... 169,923,546 f.

Voici maintenant le chiffre des suppressions des trois contributions :

1° Droits de toute nature sur les bois-sons (1)............ 60,400,000 fr.

2° Droits sur la fa-brication des bières (2) 6,200,000

3° Licences (3)... 3,200,000

4° Droits de consom-mation des sels (4) . 51,300,000 f.

Droits portés aux chapitres des contri-butions in-directes (5) 7,360,000

58,660,000 fr

5° Produits éven-tuels de la loterie (6). 8,000,000

136,460,000 f.

Total disponible sur le budget de 1832........... 33,463,546 f.

(1) Budjet de 1832, page 601.
(2) Id. ibid.
(3) Id. ibid.
(4) Id. page 600.
(5) Id. page 601.
(6) Id. page 603.

Ainsi, au moyen de la suppression du fonds d'amortissement ( *voir* ci-joint l'état n° 3 ) et du maintien des 3o centim. additionnels de la contribution foncière, on pourrait *supprimer* les IMPOTS des *boissons*, du *sel* et de *la loterie*, et avoir encore un excédant disponible de 33 millions et demi.

Une partie de cet excédant serait consacrée à indemniser les employés dont les fonctions seraient ainsi supprimées; car il est important d'éviter les dépossessions violentes. Le progrès doit s'accomplir autant que possible sans secousses et sans brisement d'existence. Une somme de dix à douze millions suffirait pour leur donner à tous une demi-solde, qui serait définitive pour les uns, provisoire pour les autres. Le reste de l'excédant serait réparti entre l'enseignement primaire et les comptoirs d'escompte.

Et il est certain que cette combinaison serait de nature à produire un grand mouvement industriel, car la consommation de la classe la plus nombreuse et la plus pauvre serait considérablement activée.

La valeur des propriétés foncières, qui est étroitement liée à l'aisance générale, augmenterait dans une forte proportion les droits d'enregistrement; le timbre, les produits des douanes, etc., éprouveraient un large accroissement, et fourniraient dans un intervalle très rapproché les moyens de réduire l'impôt du tabac.

Ces résultats prouvent que l'on peut, sans être un rêveur ou un anarchiste, proclamer que toutes les institutions sociales doivent avoir pour but l'amélioration du sort MORAL, *intellectuel* et *physique* de la classe la plus nombreuse et la plus pauvre. Ils attestent qu'en partant d'une bonne théorie, d'un bon principe, on arrive à une pratique applicable et avantageuse à tous.

Nous le demandons maintenant aux hommes de bonne foi, et ils sont nombreux dans tous les partis, quelles ne seraient pas la popularité et la force du gouvernement qui adopterait les mesures que nous venons d'indiquer? On se plaint des émeutes, on accuse les passions, on a peur de l'hiver, on ne sait comment comprimer les mouvemens de la Vendée, on fait des vœux stériles pour la résurrection de l'industrie : qu'y a-t-il de plus pratique que ce que nous proposons aujourd'hui? qu'y a-t-il de plus palpable pour l'homme d'affaires le plus positif?

## DÉVELOPPEMENS ET RENSEIGNEMENS RELATIFS A L'ARTICLE PRÉCÉDENT.

### ÉTAT N° I.

RELEVÉ GÉNÉRAL DU TRANSFERT DES RENTES PENDANT L'ANNÉE 1830. — EXTRAIT DU COMPTE GÉNÉRAL RENDU PAR LE MINISTRE DES FINANCES, F^os 318 ET SUIVANS.

5 p. 100 en rentes, 109,600,487 f.; en cap., 2,192,009,740 f.
3 p. 100      id.      71,304,847 f.;      id.      2,376,828,433 f.
4 1/2         id.         317,334 f.;      id.          7,051,866 f.
4             id.       7,607,958 f.;      id.        190,198,950 f.

Mouvement annuel
   en rentes..... 188,830,626 f. en cap., 4,768,088,989 f.

   Ce qui représente un mouvement *journalier,*
en rentes de............................... 629,435 f.
en capital de.............................. 15,893,630 f.

Les 15,000 francs de rentes achetées chaque jour par la caisse d'amortissement sont compris dans ce mouvement *quotidien* de 16 millions de transactions *au comptant* sur les fonds publics; il est juste d'ajouter qu'il y a aussi dans ce relevé quelques transferts résultant des ventes à terme, et des doubles transferts provisoirement faits à des agens de change.

L'institution de la caisse d'amortissement n'avait point uniquement pour but d'amortir la dette publique; dès long-temps on a pu se convaincre qu'une pareille pensée n'était qu'un renouvellement de la fable des Danaïdes. Le but essentiel de cette institution a été d'assurer aux détenteurs de rentes sur l'état un acheteur constant, journalier. On reconnaîtra facilement aujourd'hui que le grand développement du crédit public a plus fait dans cette direction que n'auraient jamais pu l'espérer les fondateurs de la caisse d'amortissement.

### ÉTAT N° 2.

La dotation annuelle de la caisse d'amortissement s'élève à...................................... 43,095,621 f.

. Les rentes acquises et dont elle perçoit annuellement les intérêts s'élevaient au 30 juin 1831 à............ 41,731,191

Il a été acheté du 1ᵉʳ juillet au 30 septembre................................. 1,206,226

Total..... 86,031,038 f.

Pendant cinq ans (21 juin 1825 au 21 juin 1830), le fonds d'amortissement a été fixé à 77,500,000 fr. C'est durant cette période que les fonds ont atteint les prix les plus élevés : la rente 3 p. 100 a été côtée 85 fr. L'*accroissement* de 12 p. 100 que cette dotation a depuis lors successivement éprouvé n'a point empêché la même rente 3 p. 100 de *décroître* de 47 p. 100 dans le court espace d'une année, c'est-à-dire de tomber à 46 fr.

La suppression du fonds d'amortissement devrait sans aucun doute influer momentanément sur le cours des rentes. Cependant cet effet serait moins important qu'on ne le pense communément, et dans tous les cas il serait très court : car on ne tarderait point à reconnaître que l'amortissement agit bien moins sur les cours de la bourse que les événemens politiques, et que toute mesure qui aura pour but le rétablissement de *l'ordre* et de la *tranquillité publique* sera plus effi-cace pour soutenir le prix des fonds publics que tous les achats *factices* et *ruineux* de la caisse d'amortis-sement.

Quand on connaît l'esprit de la Bourse on peut affirmer, sans crainte d'être démenti, que la mesure que nous proposons aurait pour but de produire, dans un très bref délai, une grande hausse, par le mouvement qu'elle donnerait promptement à toutes les industries, et par *la force* que *le pouvoir* en reti-rerait.

Depuis 1816 les rentes émises par l'état s'élèvent à.................... 129,547,419 f.

Depuis la même époque les rentes achetées par l'amortissement s'élè-vent à.................... 58,957,511 f.

Supplément de rentes actuellement inscrites.................... 70,589,908 f.

Indépendamment des énormes frais de perception que ce revirement puéril a coûté à l'état, c'est-à-dire aux contribuables et aux rentiers eux-mêmes, la dif-férence entre le prix d'émission et le prix d'achat a occasioné une perte considérable. Dans un article très développé que nous avons inséré dans le *Globe* du 1er septembre, cette perte se trouve établie par des calculs rigoureux. Nous ne croyons pouvoir mieux faire que de citer quelques raisonnemens dont nous avions accompagné ces calculs :

« Si l'on n'eût pas emprunté pour amortir, ou, en d'autres termes, si, à toutes les époques où les besoins du trésor ont nécessité le recours à des ressources extraordinaires, les fonds destinés à l'amortissement eussent momentanément cessé d'être appliqués au rachat des rentes, et qu'on les eût déduits des sommes que l'on demandait à l'emprunt, la France aurait de moins à payer à ses créanciers une somme *annuelle* de 1,794,772 fr., soit 1,800,000 fr.

« Et encore aurions-nous pu à la rigueur augmenter cette somme. En jetant les yeux sur ce tableau, on peut remarquer que pendant trois années, 1816, 1823, 1830, l'amortissement semble donner un bénéfice. Or, l'emprunt 4 p. 100 de 80,000,000 fr. fut conclu au commencement de l'année 1830. Pendant les six premiers mois de cette année, l'amortissement constitue l'état en perte. Ce n'est que la crise amenée par la révolution de juillet qui produit ce bénéfice tout-à-fait indépendant de l'action ordinaire de l'amortissement. 1816 et 1823 sont aussi des époques de souffrance commerciale, de perturbations politiques. L'amortissement n'a donc été favorable qu'aux époques de calamité publique ; mais ce bénéfice n'est qu'apparent, et il coûte en réalité plus qu'on ne le pense, car la meilleure opération que puisse faire un gouvernement dans des époques de crise, ce n'est pas d'acheter des rentes à un cours avantageux, mais bien de dégrever l'industrie, et de lui rendre ainsi des capitaux qu'elle ne peut se procurer qu'avec de gros intérêts. Nous laissons d'ailleurs ces bénéfices figurer sur notre tableau, afin de donner à nos calculs une plus grande impartialité. »

## ÉTAT N° 3.

### RELEVÉ AU 31 DÉCEMBRE 1830 DES RENTES INSCRITES AU GRAND-LIVRE DE LA DETTE PUBLIQUE DE FRANCE.

71,713,643 francs de rentes immobilisées ou acquises par la caisse d'amortissement.

8,384,535 appartiennent à des établissemens publics ou à des compagnies, et ne sont
guère susceptibles d'être transférées ;

8,389,993 sont inscrites dans les départemens, et
ne sont point non plus fréquemment
transférées ;

113,778,067 appartiennent à divers propriétaires ;

4,169,836 sont dans les mains des banquiers,
agens de change et agioteurs.

______________

206,436,074 totalité de la dette inscrite au 31 décembre 1830.

______________

(L'emprunt contracté en 1831 a porté cette somme
à 215,768,242 francs. Si l'on en retranchait le fonds
d'amortissement, cette somme se trouverait réduite à
171,630,825 francs.)

D'après ce relevé, on voit que c'est presque uniquement pour intervenir dans les transactions qui s'opèrent sur les 4 millions de rentes qui sont entre les
mains des banquiers, agens de change et agioteurs,
que la caisse d'amortissement absorbe *chaque année*
87 millions; nous disons que les achats portent
presque uniquement sur ces 4 millions de rente, qui
reviennent sans cesse sur le marché; car les autres
rentes inscrites au grand-livre étant *immobilisées* ou

*classées* dans les mains des rentiers, les rachats journaliers de la caisse ne les intéressent point directement.

C'est effectivement sur cette faible somme de 4 millions de rentes que roulent toutes les fluctuations de la bourse; c'est là ce qu'on appelle *la rente flottante,* celle en un mot qui se *joue.* Il serait facile à une bonne administration de donner une affectation utile à ces rentes, d'en activer le *classement.* On éviterait ainsi les hausses et les baisses qui bouleversent si fréquemment les fortunes les mieux établies, et qui entretiennent chez les banquiers et chez les grands capitalistes des habitudes de jeu déplorables en ce qu'elles portent atteinte à la morale, et qu'elles détournent des entreprises industrielles les capitaux et l'activité des spéculateurs.

# TROUBLES DE LA VENDÉE.

(EXTRAIT DU GLOBE DU 26 OCTOBRE.)

Une simple pétition dont le rapport a été fait samedi dernier à la chambre des députés a fait naître dans tous les esprits de vives craintes sur l'état de la Vendée. La persévérance des fauteurs de troubles des contrées de l'Ouest, leur audace, leur cruauté, ont inspiré aux paisibles habitans de la Bretagne et du Poitou une sorte de terreur que l'inutilité des manifestations faites par le gouvernement depuis dix mois ne justifie que trop.

Les discussions de la chambre ont peu éclairé la question ; on a pu mesurer le mal, mais nul n'a proposé le remède ; le ministère a bien dit ce qu'il ne voulait point faire, a bien témoigné la volonté sincère ou hypocrite, n'importe, mais enfin la volonté de s'abstenir de toutes mesures exceptionnelles ; il a bien manifesté un vif amour de légalité, et dans le cas actuel cet amour est un sentiment progressif ; car c'est l'horreur de la violence : mais enfin le mal existe, il fait chaque jour de rapides progrès ; les topiques dont vous avez jusqu'à ce jour fait usage sont inefficaces ; quels moyens, quel système adopterez-vous désormais ? Car c'est surtout des brigandages, des pillages, des dévastations et des assassinats atroces qu'on peut dire : « Il faut en finir ! »

Il faut en finir ! tous en conviennent ; tous les partis, excepté un seul auquel les désordres peuvent profiter, s'accordent pour désirer que l'*ordre* enfin *règne dans la Vendée*; non l'*ordre* de Varsovie, car celui-là ressemble trop au silence des tombeaux, mais cet *ordre* fécond, cet *ordre* bienfaisant que la France avait dû espérer lorsqu'elle triompha des derniers vestiges de la féodalité et du catholicisme.

Sur ce, le *Journal des Débats*, qui conserve et transmet fidèlement la *pensée intime* du cabinet Périer, commentait hier les discours du président du conseil et du garde des sceaux. « Le ministère a bien fait, dit-il, de s'en tenir aux lois existantes. » C'est fort bien pensé si l'on entend par une excursion hors de la légalité la mise en état de siége de cinq ou six départemens, l'exil, l'occupation militaire des châteaux, une inquisition à main armée; mais il est de fait cependant que ce n'est point avec la charte et le code civil à la main que vous obtiendrez de Diot, Sortant, Delaunay et quelques autres légitimistes de ce calibre, de déposer les armes, de respecter l'*ordre légal* et de faire sortir, autant qu'il est en eux, du domaine des fictions la devise du ministère du *juste milieu* : LA CHARTE ET LA PAIX.

Le *Journal des Débats* a un étrange expédient pour prouver de manière invincible que ses patrons ne peuvent mieux faire qu'ils n'ont fait jusqu'à ce jour. C'est de démontrer à l'opposition qu'elle s'est attribué toute *la popularité de l'attaque*, et qu'elle a laissé

*au gouvernement toute la responsabilité de la dé-
fense; qu'elle n'a su que critiquer, mais qu'elle n'a
rien proposé, rien décidé.* Un tel argument peut bien
prouver quelque chose *contre* l'opposition ; il peut
être excellent pour la convaincre d'incapacité gou-
vernementale ; mais aussi il ne saurait rien prouver
*pour* le gouvernement : quand vous aurez établi que
MM. Odilon Barrot et Charles Comte n'ont aucune
vue organique, il n'en résultera pas que MM. Périer
et Sébastiani soient experts en matière de gouvernement.

Voici venir cependant la *Tribune* qui, pressentant
l'argumentation des doctrinaires, a pris les devans
et a voulu résoudre leurs objections avant même
qu'elles fussent posées ; voici les moyens que cette
feuille propose :

« *Chassez*, dit-elle, *les carlistes du pays :* leur pré-
« sence seule y serait un encouragement pour le dés-
« ordre. — Quoi ! encore des suspects et des proscrip-
« tions ! — *Ce n'est pas avec du sentiment qu'on fait*
« *de la politique.* Les carlistes le savent bien. En
« 1815 n'ont-ils pas exilé les fédérés ? proscrit les ré-
« gicides ? etc. , etc.......................................
« ....... que leur demande-t-on d'ailleurs ! qu'ils s'é-
« loignent du lieu où leur présence seule est un sujet
« d'inquiétude. Suspects ! Sans doute ils sont suspects,
« puisque leurs intentions sont manifestes, puisque
« leurs journaux ne cachent point leurs projets, et que
« leurs gens sont en armes. »

Ces conseils de la *Tribune* sont d'une extrême
imprudence. Les partisans de la liberté ne sauraient

être admissibles à provoquer des mesures d'exception. Conseiller des déportations en masse est une idée que peut caresser un bourgeois effrayé, à courte vue; mais on a lieu d'être surpris de la rencontrer chez un journal qui a souvent fait preuve de courage et de prévoyance. Le jour où le gouvernement tenterait des mesures d'exception contre les légitimistes, il ne les épargnerait pas aux libéraux. La même main, le même décret, frapperait la *Tribune* et la *Gazette*. Si M. Périer recourait au coup d'état contre les *nobles* de la Vendée, une fois lancé il ne s'arrêterait pas avant d'avoir atteint les amis de la république.

Loin de partager l'opinion de ceux qui disent que *ce n'est point avec du sentiment qu'on fait de la politique*, nous pensons au contraire que le *sentiment* doit toujours la guider; et si nous concevons que dans le passé la violence a été souvent un des moyens que la providence a mis dans la main des hommes pour réaliser le progrès des nations arriérées, nous affirmons que désormais c'est par les voies pacifiques, par la conciliation; en un mot, par un *sentiment éclairé* des véritables besoins des populations, même les moins avancées, que l'on peut guérir les plaies de la France.

Si nous désapprouvons la politique des *Débats*, qui en présence d'un vaste incendie se croise les bras et demande aux passans: « que faut-il faire? » nous ne saurions vous applaudir davantage, vous qui venez proposer de répandre de l'huile sur le feu.

Pour détacher du parti carliste toute la masse des habitans de la Vendée, il serait un moyen, ce serait d'adopter des mesures qui auraient immédiatement pour effet une amélioration à leur sort ; qu'on annonce à ces malheureux, égarés par de coupables manœuvres, que le gouvernement issu de la révolution de juillet se propose de diminuer leurs charges, d'augmenter leurs jouissances ; ils comprendront ce langage, et seront peu disposés à prêter secours et refuge aux bandes vagabondes des légitimistes. Et si des discours on passe aux actes, oh! alors, soyez-en sûr, l'insurrection sera bientôt réprimée !

Nous avons développé hier les combinaisons financières au moyen desquelles il serait facile de soulager immédiatement les classes inférieures des impôts qu'elles détestent le plus ; nous avons proposé :

1° De supprimer le fonds d'amortissement qui grève inutilement le budget de . . . . 87,231,038 fr.

2° De maintenir les 30 c. additionnels de la contribution foncière qui augmenteraient les ressources du trésor de. . . . 46,438,808

Mesures qui rendraient disponible sur le budget. . . . 133,669,846

3° Nous avons ajouté à cette somme l'économie sur les frais de perception des impôts du sel, des boissons et de la loterie, montant à . . . . . . . . . 36,253,700

Ce qui élevait la somme dont le budget pourrait disposer à . . 169,923,546

D'autre part.... 169,923,546 fr.

Au moyen de quoi nous avons proposé la suppression :

1.º Des impôts sur les boissons montant à......... 69,800,000 f.

2° Des impôts sur le sel........... 58,660,000

3° De l'impôt sur la loterie....... 8,000,000

136,460,000 fr.

Et après ces suppressions nous avons trouvé un excédant disponible de. . . . . . . . 33,463,546

Cette mesure financière serait comprise des paysans de la Vendée : les impôts du sel et des boissons leur sont très onéreux ; leur industrie nécessite surtout un grand emploi de sel, soit pour la nourriture de leurs bestiaux soit pour la conservation de leurs beurres et des fromages qui sont leur nourriture habituelle; ils sauraient apprécier le bienfait d'un semblable dégrèvement, et le gouvernement qui le leur aurait accordé en recueillerait promptement, au profit de la tranquillité publique, des fruits plus doux et plus durables que ceux qu'il pourrait retirer de la violence, ou bien d'un culte servile aux divinités stériles désormais du constitutionnalisme.

Car les classes inférieures de la Vendée, dont quelques ambitieux exploitent adroitement l'ignorance et la misère, doivent être peu touchées de cette exclamation du *Journal des Débats* : « N'est-ce donc rien d'avoir *voté des lois immenses*, d'avoir *complété la Charte*, d'avoir *achevé l'œuvre* constituante de la révolution de juillet ? » *Achevé l'œuvre !* L'œuvre de juillet, à votre dire, serait donc le désordre, l'anarchie, la désolation de l'industrie, la misère, la guerre civile, les émeutes ? Non, ce n'est rien d'avoir *voté des lois immenses* et *complété une charte*, si cette charte et ces lois ne sont qu'un creux verbiage sans rapport avec la moralité, l'instruction et l'aisance de la classe la plus nombreuse.